*Das Wort Gottes muss unsere
Waffe sein – nicht mit Waffen
dreinzuschlagen, sondern den
Nächsten zu lieben und Frieden
untereinander zu haben.*

Argula von Grumbach
Schriftstellerin der Reformation
(ca. 1492 – 1563/68)

Frauen der Reformation

von
Caroline Vongries

BuchVerlag
für die Frau

Seite 2: Fenster im Straßburger Münster

ISBN 978-3-89798-515-5

© BuchVerlag für die Frau GmbH,
Leipzig 2017
Bildnachweis: S. 126
Einband, Satz, Typografie:
Uta Wolf, Quedlinburg
Druck: Salzland Druck, Staßfurt
Bindearbeiten:
Müller Buchbinderei GmbH Leipzig

Printed in Germany
www.buchverlag-fuer-die-frau.de

Inhalt

Wie weiblich ist die Reformation?
8

Vorkämpferin in Böhmen:
Anna von Frimburg
18

Luthers erste Liebe:
Ave von Schönfeld
28

Die Frau, die Luthers
Frauenbild reformiert:
Katharina von Bora, verh. Luther
38

Die Visionärin und Liedermacherin
der Reformation:
Elisabeth Cruciger
51

Identifikationsfigur der Reformation:
Elisabeth von Dänemark, Kurfürstin von Brandenburg
59

Die Reformationsfürstin:
Elisabeth von Braunschweig-Lüneburg
66

Die erste gedruckte protestantische Autorin:
Argula von Grumbach
73

Wortgewaltige »Kirchenmutter« und Flüchtlingshelferin:
Katharina Zell
82

Liebende und Geliebte:
Anna Zwingli
95

Theologin der
französischsprachigen Reformation:
Marie Dentière
102

Gelehrte und Dichterin:
Olympia Fulvia Morata
108

Die »Bischöfin« von Köln:
Agnes von Mansfeld
117

Inhalt

Wie weiblich ist die Reformation?

Lange ist Katharina von Bora der einzige Frauenname, der mit der Reformation assoziiert wird. Im Umfeld des großen Jubiläums *500 Jahre Reformation* werden aber mehr und mehr Frauen sichtbar, die Jahrhunderte zuvor maßgeblich dazu beitragen, dass die ersehnte Erneuerung Gestalt annimmt. Entlaufene Nonnen schaffen Realitäten und erfüllen das neue Leitbild der evangelischen Pfarrfrau mit Leben. Frauen an der Seite der Reformatoren holen die neue Lehre in die Kinder-, Näh-, Küchen-, Wohn- und Studierstuben. Sie verändern das Frauenbild ihrer Männer und haben bereits so erheblichen Anteil am Reformationsprozess.

Wie weiblich ist die Freiheit eines Christenmenschen? Wie auch sonst in der Geschichte spiegeln sich Frauen vor allem in den Schriften von Männern. Einige von diesen sind besonders selbstbewussten Frauen nicht gerade wohlgesonnen. Auch dafür ist Katharina von Bora ein prominentes Beispiel. Doch gerade in der Anfangszeit zeigen Frauen, dass »der Christenmensch« nicht nur »ein Herr aller Dinge [ist]«, wie Luther es 1521 formuliert, sondern auch eine Herrin. Es ist bewegend zu lesen, wie Frauen auf eigenes Risiko ernst machen mit einem auf Wahrhaftigkeit gegründeten Christentum: Sie verfassen Flugschriften, Briefe, Traktate, Bücher. Unerschrocken beziehen sie Mächtigen gegenüber Position, wo Männer schweigen. Sie schreiben Kirchenlieder, geben Lieder- und Gebetsammlungen heraus. Sie predigen, halten Begräbnisse ab, sind seelsorgerisch tätig. Sie machen Kinder- und Jugendarbeit, andere kümmern sich um Flüchtlinge und Randgruppen, setzen sich für ein menschengerechtes Sozialwesen ein. Für ihre Überzeugungen zahlen viele einen hohen persönlichen Preis, gehen ins Exil und ins Gefängnis, sind häuslicher und kriegerischer Gewalt, großer Not und öffentlicher Verachtung ausgesetzt. Manche führen als Regentinnen selbst die Reformation mit großer Entschlossenheit ein. Gibt es eine weibliche Handschrift der Reformation? Auffällig ist, dass an der Reformationsdebatte beteiligte Frauen wie Katharina Zell, Argula Grumbach, Olympia Fulvia Morata sich vehement für Toleranz und Frieden einsetzen – für das Verbindende auch innerhalb des evangelischen Lagers, sei es im Abendmahlsstreit oder gegenüber der Täuferbewegung. Einige werden dabei von ihren Männern unterstützt, andere verfolgt. Untereinander sind sie vernetzt.

Luthers Formulierungen zu Frauen sind höchst widersprüchlich. Das hat vielerlei Ursachen – seine persönliche Situation, sein Familienstand, der Kontext, in dem er lebt. Einerseits verhält er sich Frauen gegenüber oft anders als damals gemeinhin üblich. Zum Beispiel setzt er entgegen geltenden Rechts seine Frau als Alleinerbin ein. Andererseits ist die Derbheit mancher seiner Sprüche bekannt. Insgesamt können Frauen und Männer der Reformationszeit nur innerhalb der Rahmenbedingungen ihrer Zeit begriffen werden. Im 15. und 16. Jahrhundert

Miniatur, 15. Jh., Hospital in Paris

wird die rechtliche Stellung der Frau in Abhängigkeit zum Mann definiert: Eine Frau braucht einen »munt«. Ob dieser Vormund eher Beistand oder Drangsalierung bedeutet, hängt auch von den beteiligten Persönlichkeiten ab.

Theologisch gründet sich das Frauenbild weiterhin auf Eva als Verursacherin des Sündenfalls und bleibt trotz positiver Frauengestalten in der Bibel zumindest widersprüchlich. Immerhin hebelt Luther die zwanghafte Überhöhung der Jungfräulichkeit aus und setzt dagegen, dass Mann und Frau von Gott und daher füreinander geschaffen sind. Damit wird zwar die Ehe gewürdigt, aber die Existenz der Frau für die kommenden Jahrhunderte an den Mann gebunden. Vormalige unabhängige Lebensentwürfe, wie das Klosterdasein, verschwinden allmählich. Im Bildungsbereich agiert Luther fortschrittlich und fördert Mädchenschulen. Doch das Pauluswort – *das Weib schweige in der Gemeinde* – bleibt die Grundlage, Frauen bis ins 20. Jahrhundert hinein Predigt und Priesteramt zu versagen. Wie einfallsreich schon damals Frauen mit der Bibel in der Hand argumentieren, kann heute noch ermutigen. Manche ihrer Träume und Visionen sind Wirklichkeit geworden, andere noch einzulösen: ein gewaltfreies und gleichwertiges

Miteinander von Frauen und Männern, sowie der Auftrag, gemeinsam Frieden zu stiften.
Gerade der Blick auf die Frauen zeigt die Reformation als eine europäische Bewegung. Der Bogen spannt sich von Böhmen über Straßburg, Genf, Zürich bis nach Mitteldeutschland. Italien, Belgien, Frankreich können hier nur kurz gestreift werden. In England geht Elisabeth I. einen Sonderweg. Ihr und anderen Frauen, die es ebenso verdient haben, kann hier leider kein eigenes Porträt gewidmet werden. Ein paar Namen seien genannt: Katharina Melanchthon, Katharina Jonas, Wibrandis Rosenblatt, Walburga Bugenhagen, Idelet-

te Calvin, Ursula Weyda, Felicitas von Selmnitz, Margarethe Blarer, Hille Feicken, Renée de France, Margarethe von Navarra, Sibylle von Cleve, Elisabeth von Hessen, Katharina von Mecklenburg, Marie von Brandenburg-Kulmbach, sowie Mütter, Töchter und viele Frauen, die namenlos geblieben sind. Sie alle sind jedoch mitgemeint und sollen wie die hier vorgestellten zwölf Frauen der Reformation Frauen und Männern Mut machen, Gegenwart und Zukunft zu gestalten.

Wie weiblich ist die Reformation?

Vorkämpferin in Böhmen:
Anna von Frimburg

(Anna z Frymburka,
Anna von Friedberg,
1370 – nach 1450)

*»Ferner bitte ich: Liebt einander!
Gebt nicht zu, dass die guten
Leute durch Gewalt bedrängt
werden und gönnt jedermann
die Wahrheit!«*

Jan Hus kurz vor seiner Ermordung
an Anna von Frimburg und Freunde

Wieder sind 3000 Menschen in die »Betlémská kaple«, die Bethlehem-Kapelle im Prager Josephsviertel, gekommen. Männer wie Frauen, aus allen Ständen. Ganz vorn sitzt die böhmische Königin Sophie. In ihrer Nähe Anna von Frimburg. Sie liebt die klaren Worte, die es in ihrem Inneren ganz hell werden lassen. Jan Hus, der aus einfachen Verhältnissen stammende Gelehrte, der es 1409 bis zum Rektor der Prager Karls-Universität bringt, legt das Wort Gottes so aus, dass ihn alle verstehen können. Nicht allein, weil er in der tschechischen Volkssprache predigt. Hus nennt das Unrecht beim Namen.

Anna von Frimburg

Bereits 100 Jahre vor Luther werden in Böhmen die brennenden religiösen und gesellschaftlichen Fragen auf den Punkt gebracht. Anna ist Anfang 30, verheiratet und mehrfache Mutter, als Jan Hus am 15. März 1402 zum ersten Mal in der Bethlehem-Kapelle predigt. In den folgenden zehn Jahren verfolgt sie mit ihrem Mann Petr Zmrzlík von Svojšín fast alle Ansprachen, die Hus dort hält, nahezu 200 im Jahr. In der römisch-katholischen Kirche beanspruchen drei Päpste gleichzeitig für sich, Christus auf Erden zu vertreten. Ablasshandel, Korruption, sexuelle Exzesse, Gewalt – der Reformbedarf von Kirche und Klerus ist offensichtlich. Jan Hus setzt das Gewissen als Instanz. Luther sagt später: »Wir sind alle Hussiten, ohne es gewusst zu haben.«

Anna und ihr Mann Peter gehören zu den hochrangigen Persönlichkeiten in Böhmen. Ab 1406 ist Peter oberster königlicher Münzmeister am Hof Wenzels IV. und Mitglied des Königsrates. In tiefem Einverständnis nutzen die Eheleute ihre exponierte Stellung, um die freiheitliche Bewegung großherzig zu unterstützen – auch mit Geld. Anna von Frimburg wird heute in der Forschung als »Mitarbeiterin« von Jan Hus bezeichnet. Sie ist beteiligt, als die Menschen rund um die Bethlehem-Kapelle beginnen, die Vision vom christlichen Miteinander im Alltag zu leben. Ihren privilegierten Zugang zum Ohr des Königs nutzt sie ebenfalls. Der Unmut über ihre »Einmischung« ist in zeitgenössischen Chroniken überliefert: Wenzel solle lieber auf seine rechtmäßigen Berater hören als auf die Frau des Münzmeisters. Eine Frau »von aufstrebendem Geist« wird *Anna z Frimburka* hingegen in der böhmischen Geschichtsschreibung des 19. Jahrhunderts genannt.

*Jan Hus als Prediger
(rekonstr. Wandmalerei in der
Prager Bethlehem-Kapelle)*

Nachdem der böhmische König und der Prager Erzbischof Jan Hus zunächst unterstützen, erlebt Anna von Frimburg aus nächster Nähe, wie schnell sich das Blatt wenden kann. Ab 1408, als Hus das Predigen auf Tschechisch verboten wird, initiiert sie mit ihrem Mann eine Bibelübersetzung auf Tschechisch. Die Arbeit an der dreibändigen Handschrift, der *Leitmeritzer Wittingauer Bibel*, beginnt 1409. Als Hus 1410 vom Papst gebannt wird und 1412 Prag ganz verlassen muss, gehören Anna von Frimburg und ihr Mann zu denjenigen, die seinen Aufenthalt auf Burgen des Umlandes organisieren. Gemeinsam ermöglichen sie konspirative Kurzbesuche in Prag, während derer Jan Hus in der geliebten Bethlehem-Kapelle spricht. Als Hus 1414 zum Konstanzer Konzil eingeladen wird, stellen Anna und ihr Mann ihr Vermögen zur Verfügung, damit nicht nur der Freund selbst, sondern die gesamte Delegation an den Bodensee reisen kann. Vom unerhörten Verrat von König und Papst erfährt Anna von Frimburg durch die Briefe »an die Freunde in Böhmen«: »Gott möge euch ewigen Lohn dafür geben, dass ihr mir viel Gutes getan habt«, schreibt Jan Hus, »um Gottes willen bitte ich, lieber Herr Münzmeister Peter und Frau Anna, dass ihr meinen guten Wohltäter nicht den Schaden tragen lasst für mich, obwohl ich vielleicht schon leiblich tot bin.« Dann setzt er hinzu: »Auch bitte ich: Führt ein gutes Leben!« Am Tag darauf, am 6. Juli 1415, wird der böhmische Reformator unschuldig verbrannt. Sein Vermächtnis hat die Prager schon zuvor erreicht: »Auch bitte ich besonders euch, ihr Prager: Behaltet [die] Bethlehem[kapelle] lieb, solange Gott dort die Predigt seines Wortes gewährt!« 100 Jahre später ergreift dort Thomas Müntzer das Wort.

Dass Anna und Peter den Ideen ihres Freundes die Treue gehalten haben, geht aus dem erhaltenen Bibelexemplar des Ehepaares hervor. »So Hus«, steht da auf vielen Seiten angemerkt. Anna von Frimburg initiiert außerdem eine Dorfchronik in ihrer alten Heimat. Annas Mann findet in den Hussitenkriegen 1421 den Tod. Auch die Söhne verteidigen ihren Glauben mit dem Schwert. Anna taucht ein letztes Mal 1450 in den Annalen auf. Auch als 80-Jährige positioniert sie sich noch politisch. *Pravda vitezi – Die Wahrheit siegt.* Mit dem Spruch, der die tschechische Nationalflagge in Erinnerung an Jan Hus heute ziert, ist auch sie gemeint.

Luthers erste Liebe:
Ave von Schönfeld, verheiratete Axt

(ca. 1500 – 1541)

»Sie war eine der ersten Nonnen [die aus dem Kloster floh] und ist nun eine ehrliche verheiratete Frau.«

Das schreibt Martin Luther über die Frau, die er zunächst als Ehefrau ins Auge fasst: »Wenn ich vor 14 Jahren hätte heiraten wollen, hätte ich Ave von Schönfeld genommen.« Die geheime Liebesgeschichte hat schon damals die Phantasie angeregt. Ave wird stets als besonders sanft und schön dargestellt, was oft im Gegensatz zu Luthers tatsächlicher späterer Ehefrau Katharina von Bora gemeint ist. Dabei gibt es vieles, was die beiden Frauen verbindet: Sie sind aus adligem Haus, klug, gebildet und wagen gemeinsam den Schritt in eine ungewisse Zukunft.

Ave gehört zur weitverzweigten mitteldeutschen Familie von Schönfeld, die damals nordöstlich von Leipzig im katholischen Teil Sachsens ansässig ist. 1515 kommen Ave und ihre Schwester Margarethe ins Zisterzienserkloster Marienthron in

Nimbschen bei Grimma, wo sie Freundschaft mit Katharina von Bora schließt. Wie die Botschaft von der Freiheit des (Christen-)Menschen bei Ave und ihren Schwestern ankommt, ist nicht überliefert. Doch Luther ist ganz konkret an der Rettung der »unschuldig zum Nonnendasein verführten Weibsbilder« beteiligt. Sein Torgauer Freund Leonhard Koppe, der das Kloster in der Fastenzeit mit Fisch beliefert, lockt die Priorin und ihre Nonnenschar mit dem österlichen Hirtenbrief ins Refektorium. Währenddessen flüchtet Ave mit Katharina und den anderen Frauen durch den dichten Buchen- und Eichenwald. Über Torgau erreichen sie am Morgen des Ostersonntags 1523 Wittenberg. 12 000 Neugierige stehen Spalier. Der Wagen sei ganz voll von Nonnen gewesen, die sich ebenso nach einem Freier wie nach Freiheit gesehnt hätten, heißt es spöttisch. Wie die meisten ihrer Gefährtinnen kann Ave nicht zurück zu ihrer Familie. Für sie bleibt nur eins: Sie muss unter die Haube. Zunächst ist sie vor allem Flüchtlingsfrau und kommt im Schwarzen Kloster, in dem Luther wohnt, unter. Es muss aufregend gewesen sein, den Mann leibhaftig vor sich zu haben, dessen Wort sie so aufgerüttelt hat. In Wittenberg kocht die Gerüchteküche über: Luther wolle heiraten.

Ruine Kloster Nimbschen – östliches lungsraum im Untergeschoss und

Klausurgebäude mit Versamm-
Schlafsaal im Obergeschoss

Schriftlich ermuntert hat ihn u.a. die Schriftstellerin Argula von Grumbach, von der später noch die Rede sein wird. Der Reformator sieht sich genötigt zu widersprechen: »Nicht dass ich mein Fleisch und Geschlecht nicht spüre – ich bin weder Holz noch Stein – aber mein Sinn steht der Ehe fern, da ich täglich den Tod und die verdiente Strafe für einen Ketzer erwarte.« Dass es in seinem Inneren vielleicht anders aussieht, wird aus einem späteren Brief vom April 1525 ersichtlich: »Ich habe drei Frauen zugleich gehabt und so sehr geliebt, dass ich zwei verloren habe. Die dritte soll mir vielleicht bald entrissen werden.« Man kann darin Allegorien der Ordensgelübde Gehorsam, Armut, Keuschheit sehen oder aber Ave von Alemann aus Magdeburg, Ave von Schönfeld und Katharina von Bora vermuten. Ave von Schönfeld, die mittlerweile im großen Handwerkerhaushalt von Barbara Cranach untergekommen ist, heiratet nach einem Jahr vergeblichen Wartens den jungen Mediziner Basilius Axt, mit dem sie später nach Königsberg geht. »Herrlich geglückt«, findet Luther diese Ehe, aus der drei Söhne und eine Tochter hervorgehen. Das Band zwischen Ave und Martin Luther hält dennoch ein Leben lang: Er setzt sich mehrfach für sie und ihren Mann ein. Zuletzt 1540, als ihr

Bruder Ernst von Schönfeld ihr ihren Erbanteil vorenthält. Luther schreibt an seinen Kurfürsten: »Ich denke, Ernst von Schönfeld ist nicht wert, Bruder einer solchen Schwester zu sein, mit der er sich vor der Welt weiß Gott mit Vernunft nicht schämen muss.« Bevor die Angelegenheit endgültig geklärt werden kann, stirbt Ave von Schönfeld 1541.

Nonne (zeitgen. Darstellung in einem Gebetbuch von 1520)

Die Frau, die Luthers
Frauenbild reformiert:

Katharina von Bora, verheiratete Luther

(1499 – 1552)

»Ich wollte meine Käthe nicht um Frankreich und um Venedig dazu hergeben, ... darum weil Gott sie mir geschenkt und mich ihr gegeben hat.«

Das sagt Martin Luther nach zwanzig Jahren Ehe. Katharina von Bora ist eine Frau, die weiß, was sie will und was sie nicht will. Mit ihrer Persönlichkeit und der staunenswerten Fülle von Begabungen, die sie als Allround-Unternehmerin entwickelt, ist sie dem Doktor Martinus ein adäquates Gegenüber. Vor allem hat sie das Frauenbild ihres schon damals berühmten Mannes grundlegend verändert. Das lässt sich deutlich an dessen Schriften ablesen.

Dieses Frauenleben beginnt in der Nähe von Leipzig, in Lippendorf. Dort wird Katharina von Bora vermutlich am 29. Januar 1499 geboren. Schon früh, um 1505, verliert sie ihre Mutter und kommt ins Kloster nach Brehna, spätestens ab 1509 ins Kloster Marienthron in Nimbschen bei

Grimma – wie ihre Freundin Ave von Schönfeld. Acht Jahre, nachdem sie das ewige Gelübde abgelegt hat, ist sie eine treibende Kraft der spektakulären Flucht aus dem Kloster 1523 gemeinsam mit Ave von Schönfeld.

Auch für Katharina gibt es keinen Weg zurück in die Familie. Nach den ersten Tagen im Schwarzen Kloster hilft sie im Haushalt des Stadtschreibers von Wittenberg, dann bei den Cranachs. Sie nimmt an den Disputationen der gelehrten Herren teil: Die Studenten nennen sie in Anlehnung an ihre Namenspatronin Katharina von Alexandria. Zu dieser Zeit verliebt sie sich in den nur ein Jahr älteren Studenten Hieronymus Baumgartner. Als sich der junge Mann nach der Rückkehr nach Nürnberg nicht mehr bei Katharina meldet, wird diese krank vor Liebeskummer. Luther schaltet sich besorgt ein. Noch weiß er nicht, dass er selbst der künftige Bräutigam sein wird. Vielmehr versucht er die eigenwillige junge Frau anderweitig unter die Haube zu bringen. Legendär ist Katharinas Ablehnung des Pfarrers Kaspar Glatz, der ihr als möglicher Ehemann angetragen wird: »Den Glatz nehm ich nicht.« Luthers Ärger ist dokumentiert: »Welcher Teufel will sie denn haben. Mag sie den nicht, so mag sie noch eine Weile auf einen anderen warten.« Doch Katharina macht einen eigenen Vorschlag:

»Ihn würd' ich nehmen« sagt sie und meint Luthers Freund Nikolaus Amsdorf – oder den Reformator selbst. 1525 herrscht bei Luther Endzeitstimmung. Der Zusammenbruch alter Ordnungen, die Bauernkriege, die Strapazen, die Angst der letzten Jahre, all das nagt an ihm und scheint seine Haltung zur Ehe zu ändern. »Ihm [dem Teufel] zum Trotz, will ich meine Käthe noch zur Ehe nehmen, ehe denn ich sterbe«, sagt er. Am 13. Juni traut Luthers Beichtvater Johannes Bugenhagen die beiden im kleinen Kreis. Ein Brief von Luthers

Katharina von Bora, Gemälde von Lucas Cranach d. Ä., 1529

engstem Mitstreiter Philipp Melanchthon verdeutlicht das Befremden: »Unerwarteter Weise hat Luther die Bora geheiratet, ohne auch nur einen seiner Freunde vorher über seine Absicht zu unterrichten. Ich glaube, ... der Mann ist überaus leicht zu verführen, und so haben ihn die Nonnen, die ihm auf alle Weise nachstellten, umgarnt.« Es sei bereits ein vorehelich gezeugtes Kind unterwegs, setzt der Humanist Erasmus von Rotterdam eine Falschmeldung in Umlauf. Flugblätter zeigen, was aus einer Mesalliance zwischen entlaufenem Mönch und geflüchteter Nonne zu erwarten ist: der Antichrist höchstpersönlich. Doch das Kind Katharinas und Martins, das ein Jahr nach der Hochzeit geboren wird, ist gesund. Luther jubelt.

Überhaupt nimmt der Reformator, der nie heiraten oder Vater werden wollte, mehr Anteil an seiner Frau und den Kindern, als er es zuvor für möglich gehalten und es in seiner theoretischen Schrift über die Ehe formuliert hat, in der er den Tod im Kindbett als »ein Sterben im edlen Werk Gottes« bezeichnet. Jetzt zittert er mit und um Katharina. »Stirb mir ja nicht«, bittet er, als sie im Alter von 40 Jahren eine Fehlgeburt hat. Der Tod zweier ihrer sechs Kinder trifft ihn mindestens so hart wie sie. Das Eheleben verändert sie beide. »Mein Herr hat mich plötzlich, während ich ganz andere Gedanken hatte, wunderbar in die Ehe geworfen«, hat Luther bereits eine Woche nach der Hochzeit staunend festgestellt. Sechs Monate später schreibt er an seinen engen Freund Spalatin: »Grüße deine Frau auf das Lieblichste, aber tue es dann, wenn du deine Katharina im Bett mit den lieblichsten Umarmungen und Küssen hältst und dieses gedenkst: Siehe, diesen Menschen, hat mir Christus geschenkt. Auch ich werde in dieser Nacht die Meine mit dem gleichen Werke lieben.«

Mit ihrer ganzen Tatkraft schafft Katharina die Voraussetzungen dafür, dass Luther seiner Bestimmung nachgehen kann. Sie hält Haus und Haushalt zusammen, auch das Geld. 1542 haben die Luthers dank ihr den größten Vieh- und Grundbesitz in Wittenberg. »Es grüßt dich mein Herr Käthe, die fährt, die Äcker bestellt, Vieh füttert und kauft, Bier braut«, schreibt Luther 1535 an seinen Freund Justus Jonas. Dazu gehört auch die Organisation der Tischgesellschaften, die täglich bis zu vierzig und mehr Menschen umfassen, der Ausbau des Schwarzen Klosters zu einer Studentenburse. Die Lutherin organisiert die Drucklegung der Schriften ihres Mannes und nimmt weiterhin Anteil an den Debatten.

Katharina von Bora

Doch vor allem ist Katharina diesem Mann, der die Welt verändert, »Gefährtin in Bedrängnissen«, wie ein Freund es ausdrückt. »Dass der Teufel meiner nicht habhaft werden konnte, ist allein meiner Käthe zu verdanken«, so Luther selbst. Sie nimmt auch andere Kranke und Bedürftige auf. Als die Pest in Wittenberg tobt, wird das Schwarze Kloster zum Hospital.

Katharina hat Luthers Tod vorausgeahnt, als er sich Anfang 1546 auf die Reise nach Eisleben macht – und tatsächlich wird sie ihn nicht lebend wiedersehen. In einem Brief an ihre Schwägerin Christine vom 25. April 1546 zeigt sie ihre ganze Trauer:

»Denn wer sollte nicht ... bekümmert sein wegen eines solchen teuren Mannes, wie es mein lieber Herr gewesen ist, der nicht allein einer Stadt oder nur einem Land, sondern der ganzen Welt viel gedient hat. Deswegen bin ich wahrhaftig so sehr betrübt, dass ich mein großes Herzeleid keinem Menschen sagen kann. ... Und wenn ich ein Fürstentum oder Kaisertum gehabt hätte, hätte es mir darum nicht so sehr leid getan, falls ich es verloren hätte. ...«

In den Grabreden wird Katharina dennoch mit keinem Wort erwähnt. Obwohl Luther seine Frau als Alleinerbin eingesetzt hat, muss sie das Testament erst gegen geltendes

Recht durchsetzen. Zweimal flieht sie vor dem Schmalkaldischen Krieg aus Wittenberg. Bei der Rückkehr findet sie Feld und Hof verwüstet vor. 1552 treibt die Pest sie aus der Stadt. Vor den Toren von Torgau, das fast dreißig Jahre zuvor erste Station auf der Flucht aus dem Kloster gewesen ist, hat sie mit dem Wagen einen schweren Unfall. An den Folgen stirbt sie am 20. Dezember. Hier, wo 1523 ihr Leben in Freiheit begonnen hat, schließt sich der Lebenskreis einer Frau, die (Reformations-)Geschichte geschrieben hat.

Visionärin und Liedermacherin der Reformation:
Elisabeth Cruciger, geb. von Meseritz
(ca. 1500 – 1535)

»Ich bin eine Mitleiderin.«

So bringt Elisabeth von Meseritz ihre Auffassung vom Christentum auf den Punkt. Noch vor der spektakulären Flucht der Nonnen aus dem Kloster Nimbschen verlässt die junge adlige Frau 1522 ihr Kloster (Marienbusch, ehem. Pommern) und macht sich auf eigene Faust auf den 400 Kilometer weiten Weg nach Wittenberg. Geboren um 1500 in Meseritz (Międzyrzecze) im heutigen Polen, folgt sie ihrem Lehrer Johannes Bugenhagen, der Stadtpfarrer und Beichtvater Martin Luthers wird.

Noch im Kloster hat sie bereits eigenständige seelsorgerische Qualitäten entwickelt. Einem konvertierten Juden, der sich 1519 an sie wendet, antwortet sie: »Es ist gegen Gott ein Wohlgefallen, dass wir uns untereinander küssen mit dem Kuss der Liebe Gottes.« Das sind ungewöhnliche Töne für eine Frau. In der Theologie kennt sie sich bestens aus und zeigt bereits eine große Sprachbegabung.

In Wittenberg findet Elisabeth Aufnahme bei Walburga und Johannes Bugenhagen. Als einer der ersten Theologen hat er gerade geheiratet. Von Anfang an gehört Elisabeth zum innersten Zirkel der Reformatoren. Zwar kann sie sich nicht offiziell an der Universität einschreiben, doch lernt und studiert sie mit großer Leidenschaft und beteiligt sich an den Disputen. Für Luther ist die »liebe Els« eine herausfordernde Gesprächspartnerin.

Erfüllt von all dem Neuen um sich herum beginnt sie zu schreiben. Das Singen auf Deutsch im Gottesdienst hat gemeinschaftsbildenden Charakter. Elisabeth schreibt Kirchenlieder.

Elisabeth Cruciger

»Eyn Lobsanck von Christo« heißt das erste Jesuslied der Reformation, das als Wochenlied zum letzten Sonntag nach Epiphanias bis heute verzeichnet ist. »Und hat dem Doktor Martino so wohl gefallen, dass er ihn selbst hat in sein Gesangbüchlein zu setzen befohlen«, schreibt der Magister Cyriakus Spangenberg eine Generation später. Zunächst erscheint das Lied anonym. Als sich 1529 herausstellt, dass der Verfasser eine Frau ist, ist das Staunen groß.

»Herr Christ, der einig Gottes Sohn«, Kirchenlied von Elisabeth Cruciger (Erfurter Gesangbuch von 1524)

¶ Eyn Lobsanck von Christo

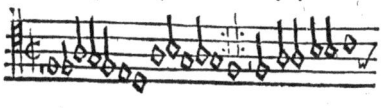

Herr Christ der eynig Gotts son vaters yn ewig
keyt/Aus seym hertzen entsprossen/gleich wie ge
schryben steht. Er ist d' morgen sterne/ seyn glentze
streckt er ferne/fur andern sternen klar.

Fur uns ein mesch gebore/ym letzte teil der zeyt/
Der mutter unverlore/yhr jugfrewlich keuscheyt.
Den tod fur uns zu broche/dē hymel auffgeschlos
sen/das leben wider bracht.

Lass uns yn deiner liebe/und kentnis neme zu/
Das wir am glawben bleibē/und dienen ym geyst
so/Das wir hie mugen schmecken/dein süssickeyt
ym hertzen/und dursten stet nach dir.

Du Schepffer aller dinge/du vetterliche krafft.
Regirst von end zu end/krefftig aus eygen macht
Das hertz uns zu dir wende/und ker ab unser syn
ne/das sye nicht yrrn von dir.

Ertödt uns durch deyn gute/erweck uns durch
deyn gnad. Den alten menschen krencke/das der
new leben mag. Wol hie auff dyser erdeñ/den syñ
und all begerden/und dancken han zu dir.

1524 ist ein Schlüsseljahr für Elisabeth. Mit dem jungen Lutherschüler Caspar Cruciger verbindet sie das ernsthafte Interesse für Wissen und Wissenschaft. Noch vor Martin Luther und Katharina von Bora geben sich Elisabeth von Meseritz und Caspar Cruciger das Jawort. Luther vollzieht die Trauung, Johannes Bugenhagen kümmert sich persönlich für »seine« Elisabeth um das Festessen und die Einladungen der Gäste. Doch ihr kommt nicht nur Wohlwollen entgegen: Die Hochzeit Caspar Crucigers missfalle manchem in Wittenberg, wird berichtet. Elisabeth bekommt zwei Kinder. Im selben Jahr, in dem ihr Sohn geboren wird, zieht die Familie nach Magdeburg, drei Jahre später, 1528, zurück nach Wittenberg: Als Frau an der Seite eines der engsten Mitarbeiter Martin Luthers, eines Universitätsprofessors und Predigers der Schlosskirche hat Elisabeth zugleich einen Gelehrten- und Pfarrhaushalt zu führen. Sie ist weiterhin bei den Tischgesellschaften im Schwarzen Kloster dabei. Wie viele Lieder sie schreibt, ist nicht überliefert, wohl aber eine Geschichte, die ihre visionäre Begabung zeigt. Elisabeth hat einen Traum, den sie ihrem Mann erzählt: Sie steht auf der Kanzel der Wittenberger Schlosskirche und predigt zu den Menschen. Caspar schaut Elisabeth an, lacht und sagt:

»Vielleicht will euch der liebe Gott für würdig erachten, dass eure Gesänge in der Kirche sollen gesungen werden.« Mehr als 400 Jahre wird es noch dauern, bis sich Elisabeths Traum von der Frauenordination in der evangelischen Kirche erfüllt. Sie stirbt am 2. Mai 1535. Die Reformation verliert eine hochbegabte und leidenschaftliche Mitstreiterin.

Identifikationsfigur der Reformation:
Elisabeth von Dänemark, Kurfürstin von Brandenburg

(1485–1555)

»Die Markgräfin ist mit Hilfe ihres Bruders, des Königs von Dänemark, von Berlin zu unserem Fürsten entflohen, weil der Kurfürst sie hat wollen einmauern lassen …«

Elisabeth von Dänemark

Dies berichtet Martin Luther über die spektakuläre Flucht Elisabeths von Dänemark vor den Repressalien ihres katholischen Mannes aus dem Berliner Schloss, mit der die Kurfürstin Geschichte schreibt und zur Identifikationsfigur wird.

Das Selbstbewusstsein für diesen damals unerhörten Akt der Befreiung bezieht sie wohl auch aus ihrer Herkunft. Elisabeth ist am 24. Juni 1485 als Tochter des Königspaares von Dänemark, Schweden und Norwegen geboren. Ihre Mutter Christine, eine Sächsin, ist ebenfalls eine kämpferische Frau.

17-jährig wird Elisabeth 1502 mit dem nur ein Jahr älteren Brandenburger Kurfürsten Joachim I. verheiratet. Zwischen 1505 und 1513 bekommt sie fünf Kinder. 25 Jahre lang ist sie eine vorbildliche katholische Landesmutter. Gemeinsam mit ihrem Mann setzt sie sich dafür ein, dass dessen Bruder Albrecht von Brandenburg Erzbischof von Mainz und Kardinal wird: Luthers Widersacher. Anfang der 1520er Jahre kommt es in ihrem Leben zu einer schweren Krise, unter anderem ausgelöst durch die exzessive Untreue ihres Ehemannes. Die Lutherworte von der Gnade, durch die der Mensch Vergebung erlangt, berühren ihr Herz. Die Glaubensfrage geht wie ein Riss durch ihre Familie: Auf der einen

Seite ihre Herkunftsfamilie, die sich dem Luthertum zuwendet, auf der anderen Seite ihr Ehemann, der zu dessen erbittertsten Gegnern zählt. Es ist also eine hochpolitische Angelegenheit, als Elisabeth Ostern 1527 das Abendmahl in beiderlei Gestalt zu sich nimmt: in Form von Brot und Wein. Im Gegensatz zum Papst hat Luther allen Christen den Kelch erlaubt, der ansonsten nur Priestern vorbehalten ist. Nach einem Ultimatum ihres Mannes zieht die Kurfürstin ein Jahr später die Konsequenzen und flieht aus ihrer Residenz.

Elisabeth von Dänemark (spätere Darstellung)

Ihr Fall polarisiert selbst innerhalb des evangelischen Lagers, wo die öffentliche Demütigung eines Fürsten abgelehnt wird. Eine theologische Kommission bescheinigt ihr schließlich doch »rechtlichen Grund«. Mit den Einschränkungen des Exils – bis 1535 erhält sie keinerlei Einnahmen – kommt die Königstochter nur schwer zurecht. Nach dem Tod ihres Mannes kämpft sie mit ihren Söhnen zehn Jahre lang um die Konditionen für ihre Rückkehr.

In Glaubensdingen ist Elisabeth strenger als Martin Luther selbst. Zeitlebens ist sie mit ihm freundschaftlich verbunden. Als sie 1537 schwer erkrankt, nehmen die Luthers sie sogar auf. Doch das enge Zusammenleben bringt »täglich Beschwernis und Ärger«, so Luther.

Nach der Rückkehr nach Spandau 1545 setzt sich Elisabeth intensiv für die Reformation in Brandenburg ein. In ihrer Kapelle leitet sie die Andachten selbst und gibt 1554 ein Gesangbuch heraus. Während einer Mondfinsternis im Juni 1555 stirbt sie.

Um einen hohen Preis hat Elisabeth gesiegt. Alle ihre fünf Kinder sind lutherisch geworden. Sie ist das erste Mitglied des brandenburgischen Hauses, das sich zum Luthertum bekannt und den Prozess des Umdenkens in Gang gesetzt hat.

Die Reformationsfürstin:
Elisabeth von Braunschweig-Lüneburg

(1510 – 1558)

»Es werden etliche Königin' der Kirchen Nährerin und Säugammen sein, unter welche gezählt wird die fürtreffliche Heldin Fürstin Elisabeth von Braunschweig.«

Das sagt Philipp Melanchthon, Luthers Mitstreiter. Als Elisabeths gleichnamige Mutter 1527 in Berlin das Abendmahl in beiderlei Gestalt einnimmt, ist die 17-jährige Tochter noch entsetzt. Die am 24. August 1510 auf der Spreeinsel Cölln Geborene ist 1527 bereits seit zwei Jahren verheiratet und Herzogin von Braunschweig-Calenberg-Göttingen. Noch deutet nichts darauf hin, dass sie selbst zur einflussreichen »Reformationsfürstin« wird. Im Gegenteil: Sie soll die Mutter dem Vater gegenüber verraten haben.

Mit ihrem Mann Erich I. von Braunschweig bekommt sie vier Kinder. Früh beweist sie persönliches und politisches Durchsetzungsvermögen. In ihrem Territorium, dem heutigen Südniedersachsen, sorgt sie für effektive Verwaltungsstrukturen und saniert die Finanzen.

1534 lernt sie über ihre Mutter Martin Luther persönlich kennen, der ihr später eine seiner Bibelübersetzungen mit Widmung schickt. Insgesamt 17 Lutherwerke finden sich in ihrem Nachlass. Am 7. April 1538 bekennt sie sich wie ihre Mutter elf Jahre zuvor zum evangelischen Glauben. Ihr Mann, obwohl gläubiger Katholik und kaisertreu, nimmt es gelassen: »Weil uns unsere Frau in unserm Glauben nicht hindert, so wollen

Elisabeth von Braunschweig-Lüneburg (zeitgen. Holzschnitt, 1542)

auch wir sie in ihrem Glauben ... ungetrübet lassen.«

Nach Erichs Tod 1540 gelingt es Elisabeth, als Regentin für den Sohn ihr Land zu reformieren. Sie kann es sogar weitgehend aus dem Schmalkaldischen Krieg heraushalten. Der Theologe Anton Corvinius erarbeitet in ihrem Auftrag eine neue Kirchen-, Kloster- und Schulordnung, sie nimmt an Synoden und Landtagen teil. Nebenbei wird sie zur produktiven Schriftstellerin. In ihrem Sendbrief an ihre Untertanen schreibt sie 1544: »Es gilt vor Gott wenig, dass man vor der Welt edel geboren, wenn man nicht gottselig und fromm dabei ist.« 1546 überreicht sie ihrem Sohn zum Regierungsantritt ein Handbuch, den ersten von einer Frau geschriebenen und ersten evangelischen Fürstenspiegel, im heutigen Sinn ein Ratgeber für Politiker.

1550 schreibt sie für ihre Tochter einen »mütterlichen Unterricht«. Darin bezieht sie als Frau Position: »Es soll niemals ein Mann seines Weibes überdrüssig werden, sie auch bei Krankheit nicht verlassen, sondern sie pflegen, hüten wie sich selbst.«

Sie erlebt persönliche und politische Niederlagen. Ihr Sohn Erich läuft zu den Katholiken über, mit ihm beginnt die Gegenreformation. »Was hab ich geboren, was hab ich erzogen!«, schreibt Elisabeth entsetzt. Nach der verlorenen Schlacht von Sievershausen muss sie ins Exil nach Hannover: »Ich kann nicht ärmer werden als ich bin.« In diesen Erfahrungen wurzelt ihr »Witwentrostbuch« von 1556.

Die letzten Jahre lebt sie auf dem Sitz ihres zweiten Mannes in Ilmenau. Sie kann sich nur schwer damit abfinden, keinen direkten politischen Einfluss mehr zu haben, und wird krank. Am 25. Mai 1558 stirbt Elisabeth. Auch sie hat sich am Ende durchgesetzt: »Zuvörderst ist mir Jesus Christ / Allzeit gewest das höchste Gut. / Durch seinen Geist gab er mir Mut / Dass ich mich christlich hab' ermannt / Und pflanzt' sein Wort in diese Land.« Braunschweig wird lutherisch.

Die erste gedruckte protestantische Autorin: *Argula von Grumbach*

(ca. 1492 – 1554/68)

»Die edelste Frau Argula von Stauffen kämpft einen gewaltigen Kampf mit großem Geist und reich an Worten und Erkenntnis Christi.«

So Martin Luther über Argula von Grumbach. Streitbar, tapfer, unkonventionell ist die erste gedruckte protestantische Autorin. Als Frau ergreift sie das Wort, als es den Männern im reformatorischen Umfeld zu brenzlig wird, und bietet Luthers größten Gegnern die Stirn. Ihre Flugschriften erreichen dieselbe Auflagenstärke wie die Luthers: 25 000 Stück und mehr.

Argula von Stauff, um 1492 geboren, wächst als verarmte Adlige am bayerischen Hof auf. Von ihrem Vater erhält sie eine vorlutherische deutsche Bibel. Nach dem Tod ihrer Eltern wird sie 1516 vom Herzogspaar mit dem Statthalter von Dietfurt im Altmühltal, Friedrich von Grumbach, verheiratet. Mit ihm hat sie eine Tochter und drei Söhne.

Schon 1523 hat sie alles gelesen, was Luther geschrieben hat. Dabei steht sie für sich selbst: »Man heißt mich lutherisch, ich bin es aber nicht. Ich bin im Namen Christi getauft, den bekenne ich, nicht Luther. Aber ich bekenne, dass ihn Martinus auch als treuer Christ bekennt.« Als an dem jungen Gelehrten Arsacius Seehofer ein katholisches Exempel statuiert wird, ist sie die Einzige, die interveniert. Seehofer, der in Wittenberg studiert hat, ist in Ingolstadt ins Visier von Luthers Erzfeind Johannes Eck geraten. Nach Verhör, Gefängnis, der Androhung von Folter und Scheiterhaufen wird der 18-Jährige am 7. September 1523 gedemütigt und gezwungen, vor der versammelten Universität zu widerrufen. Unter Tränen leistet er Folge. Argula von Grumbach schreibt einen Protestbrief an die Professorenschaft. Bisher habe sie unterlassen, sich als Frau zu Wort zu melden. »Nun ich aber in dieser Art keinen Mann sehe, der reden will noch darf«, wird sie in ihrer Empörung deutlich: »Es ist leicht disputiert, so man nicht Schrift, sondern Gewalt brauchet. ... Schämet ihr euch nicht? ... Zeiget mir, wo es stehet, ihr hohen Meister! Ich finde an keinem Ort der Bibel, dass Christus oder seine Apostel und Propheten, eingekerkert, gebrennet oder gemordet haben, oder

*Titelblatt einer der acht
Flugschriften Argulas (1523)*

Argula von Grumbach

das Land verboten.« Argula von Grumbachs Text ist ein Manifest, nicht weniger eine reformatorische Schrift wie die Texte ihrer männlichen Kollegen. Sie fordert die gelehrten Herren zum Disput heraus heraus: »Ich scheue mich nicht, vor euch zu kommen. ... Ich kann kein Latein, aber ihr könnt Deutsch, in dieser Zung geboren und erzogen.« Am Schluss insistiert sie: »Ich habe euch kein Weibergeschwätz geschrieben, sondern das Wort Gottes als ein Glied der christlichen Kirche.«

Eine offizielle Antwort bekommt Argula von Grumbach nicht. Nur ein Spottgedicht macht die Runde. Sie schickt ihr Schreiben in verschärfter Form an den Herzog, den Magistrat von Ingolstadt, an Luthers Kurfürsten Friedrich den Weisen und andere. Insgesamt werden es innerhalb eines Jahres acht gedruckte Werke. Im Herbst 1523 wird sie auf den Reichstag in Nürnberg eingeladen. Doch die Mehrzahl der Fürsten interessiert sich nicht für das, was sie zu sagen hat. Dieser Ignoranz stellt Argula von Grumbach ihre Vision von Politik gegenüber: »Gott sende ihnen seinen Geist, damit dieser Reichs-Tag nicht vergeblich seinen Namen habe, sondern wir reich an Seel' und Leib werden und alle in einem wahren christlichen Glauben regiert werden.« Doch die streitbare Autorin wird diszipliniert. »Ihr Mann, schon von sich aus gegen sie ein Tyrann, wurde jetzt von seiner Präfektur vertrieben. Du kannst dir denken, was er tun wird. Sie lebt allein unter diesen Monstern – fest im Glauben – doch, wie sie selbst schreibt, mitunter nicht ohne Furcht im Herzen«, berichtet Luther, der sich der Sache Seehofer selbst annimmt. Die Debatte zieht Kreise, Seehofer kommt frei. Argula von Grumbach jedoch tritt bis ans Ende ihres Lebens mit Schriften nicht mehr an die Öffentlichkeit. Sie bleibt im Gespräch mit Luther und anderen Reformatoren wie Andreas Osiander und Martin Bucer.

Nicht eindeutig geklärt ist, ob sie bereits 1554 stirbt oder mit »der alten Staufferin« identisch ist, die 1563 in Dokumenten auftaucht. Letztere wird verhaftet, weil sie »den unverständigen Untertanen von Köfering« aufrührerische Schriften vorgelesen und Begräbnisrituale auf dem Friedhof vorgenommen hat. In jedem Fall sind die Schriften Argulas für die Frauen ihrer Zeit eine Ermutigung: Bereits 1524 ruft Ursula Weyda im thüringischen Eisenberg öffentlich zur Klosterflucht auf. Aus dem Saatkorn ist ein zartes Pflänzchen gewachsen, das weiter gedeihen wird.

Argula von Grumbach

Wortgewaltige
»Kirchenmutter« und
Flüchtlingshelferin:

Katharina Zell, geb. Schütz

(1497 – 1562)

»Ja mir selbst, und nicht der Kirche, hab' ich freilich viel Unruhe gemacht und [ein Verhalten] angefangen, … [das] vorhin bei unseren Weibern nicht gewöhnlich gewesen ist.«

Das sagt Katharina Zell am Ende ihres Lebens über sich selbst. Sie ist eine unerschrockene, undogmatische Frau, die das Rückgrat hat, nicht nur dem Bischof öffentlich zu widersprechen, sondern auch den großen Reformatoren Luther und Calvin. Jenseits sich polarisierender Lager kämpft sie für ein Christentum mit menschlichem Gesicht. Dafür nimmt sie ein hohes persönliches Risiko in Kauf. Zwanzig Jahre führt sie ein offenes Haus, in dem Flüchtlinge aus allen religiösen Richtungen unterkommen. Zeitlebens tritt sie als leidenschaftliche Predigerin, Schriftstellerin, Reformatorin in Erscheinung.

Die Tochter der Schreinermeisterfamilie Schütz wird 1497 in der freien Reichsstadt Straßburg geboren. Schon früh interessiert sie sich für Glaubensfragen: »Seit ich zehn Jahr alt, habe [ich] alle Gelehrten geliebt, und mit ihnen ein Gespräch nicht vom Tanz, Weltfreuden und Fassnacht, sondern vom Reich Gottes gehabt.« Martin Luthers Auslegungen der heiligen Schrift berühren sie zutiefst. Ebenso die Predigten des beliebten Straßburger Reformators Matthäus Zell. Bis zu 3 000 Menschen kommen, um ihn zu hören. Am 3. Dezember 1523 heiratet Katharina den zwanzig Jahre älteren Mann: »Unsere Ehebredung war nit von Silber noch Gold, sondern von Feuer und Wasser um des Bekenntnisses Christi willen.« Aus Wittenberg schickt Martin Luther die herzlichsten Glückwünsche.

Als sie später mit sieben weiteren verheirateten Priesterpaaren exkommuniziert werden, schreibt Katharina dem Bischof: »Entschuldigung Katharina Schützin für ... ihren Ehegemahl ...« Leidenschaftlich verteidigt sie die Priesterehe, greift die Doppelmoral der katholischen Kirche an: Als Beispiel nennt sie einen Priester, von dem sieben Frauen gleichzeitig schwanger sind.

Sie begründet auch, warum sie als Frau das Wort ergreift: »Paulus sagt: Die Weiber sollen schweigen. Antworte ich: Weißt aber nicht auch, dass er sagt Galater 3: In Christus ist weder Mann noch Weib; und dass Gott im Propheten Joel sagt: Ich werde ausgießen von meinem Geist über alles und eure Söhne und Töchter werden weissagen.« Obwohl bereits ihre erste Schrift ein Schreibverbot nach sich zieht, veröffentlicht und predigt sie weiter. Ein Leben lang.

Selbst im Kreis der Straßburger Reformatoren um Martin Bucer und Wolfgang Capito nehmen Katharina Zell und ihr Mann eine Sonderrolle ein. Den Zells geht es um Vermittlung zwischen Luther, Calvin und Zwingli. Sie setzen auf ein geschwisterliches Miteinander aller Gläubigen in der

Katharina Zell (Wandmalerei am Reformationsgarten am Künstlerhaus in Wittenberg)

Praxis. Im Abendmahlstreit scheut sich Katharina Zell nicht, Martin Luther öffentlich zu mehr Liebe im Umgang mit den Anhängern der reformierten Kirche zu ermahnen. Gemeinsam mit ihrem Mann besucht sie 1538 Luther und Melanchthon in Wittenberg.

Das Straßburger Pfarrhaus von Katharina und Matthäus ist nicht nur Treffpunkt der Reformatoren und Reformorientierten weit über die Grenzen Straßburgs hinaus. Mit großer Selbstverständlichkeit steht die Tür allen Verfolgten offen – auch Mitgliedern der Täuferbewegung und anderen Minderheiten. Dabei führt ihre Toleranz zu Kritik aus den eigenen

Reihen. Katharina begreift sich als »armer und verjagter Leute Mutter«. Umso mehr, als ihre eigenen beiden Kinder bereits im Säuglingsalter sterben. Diese mutige Frau ist entscheidend dafür, dass die verschiedenen Flüchtlingswellen der Zeit in ihrer Heimatstadt bewältigt werden. Sie nimmt sich der Glaubensvertriebenen aus dem In- und Ausland an. Als 150 Männer aus dem benachbarten Kenzingen gemeinsam mit ihrem evangelischen Pfarrer aus ihrer Stadt ausgesperrt werden, nimmt Katharina Zell 80 von ihnen auf. Mit ihrem Trostbrief an die »leidenden christglaubigen Weibern der Gemeinde zu Kenzingen« von 1524 gibt sie zugleich ein Beispiel für ihr mitfühlendes und kämpferisches seelsorgerisches Verständnis: »Liebe Schwestern, ob aber schon etwa euer Glaube kleinmütig würde, erschreckt nicht. Der Glaube ist kein Glaube, der nicht angefochten wird.«

1524/25 predigt Katharina Zell gemeinsam mit ihrem Mann und dem Kollegen Capito in den Lagern der aufständischen Bauern für Gewaltfreiheit. Als die verheerenden Bauernkriege nicht verhindert werden können, ist es maßgeblich Katharina zu verdanken, dass Straßburg

Kanzel des Münsters in Straßburg von 1485

die 3 000 Flüchtlinge vor den Toren der Stadt aufnimmt und die Kraftanstrengung schafft, die eine solche Zahl Bedürftiger angesichts von 25 000 Einwohnern bedeutet. Sie organisiert nicht nur die Versorgung, sondern sorgt für Integration, vermittelt Privatunterkünfte.

1534 bis 1536 gibt die unerschrockene Predigerin ein Lehr-, Gebet- und Dankbuch in vier Einzelheften heraus, worin Lieder der Böhmischen Brüder aus dem »New Gesengbuchlein« von Michael Weiße enthalten sind.

Der Tod ihres Mannes 1548 trifft Katharina schwer. Auf seiner Beerdigung hält sie entgegen jeder

Konvention selbst eine Ansprache. »Ich bitt euch aber zuvor, dass ihr mir nicht für übel aufnehmen, noch euch an mir ärgern wollt, als ob ich mich jetzt in das Amt der Prediger und Apostel stellen möchte, nein gar nicht, sondern allein wie die liebe Maria Magdalena ohne Vorbedacht ihrer Gedanken zu einer Apostelin ward, also ich jetzt auch …« Es geht ihr nicht allein um das persönliche Andenken an ihren Mann, sondern auch um dessen tolerante theologische Position. In den nächsten 14 Jahren hält sie der Gegenreformation stand. Sie macht Gefängnisbesuche, pflegt Schwerkranke in Quarantäne, versteckt die gefährdeten

Reformatoren Bucer und Fagius. Bis zuletzt kämpft sie gegen Fanatiker in den eigenen Reihen. Selbst schon stark geschwächt, gibt sie kurz vor ihrem Tod noch ein letztes Mal ein Beispiel für Menschlichkeit und zivilen Ungehorsam: Sie leitet die Beerdigungszeremonie einer Täuferin auf dem Straßburger Friedhof. Bevor sie dafür zur Rechenschaft gezogen werden kann, stirbt sie am 5. September 1562. Die Straßburger erweisen ihr die letzte Ehre und kommen zu tausenden zu ihrem Begräbnis.

Liebende und Geliebte:

Anna Zwingli, geb. Reinhart, verwitwete Meyer von Knonau

(1484 – 1538)

»So gebühren denn Ehren-Denkmale nicht ausschließlich Männern.«

Zu dieser Erkenntnis gelangt der Zürcher Pfarrer Salomon Hess 1820 in seinem Porträt über Anna Zwingli. »Sie selbst lebte so still und geräuschlos, dass sich nicht einmal eine böse Zunge an ihr versündigt hat«, heißt es weiter. Doch ganz so unauffällig wie der Biograf es glauben machen will, ist das Leben der Frau an der Seite des Zürcher Reformators nicht verlaufen. Entgegen den Gepflogenheiten ihrer Zeit heiratet Anna Zwingli gleich zweimal aus Liebe: Und jede ihrer Hochzeiten verursacht einen Eklat.

Ihre Kindheit und Jugend verbringt die 1484 geborene Anna Reinhart am Zürichsee. Ihre Eltern betreiben dort das Gasthaus »Zum Rößli«. Sie soll ein »überaus schöner Mensch« gewesen sein und eine unkonventionelle junge Frau dazu. Kein Wunder, dass sich der junge Hans Meyer von Knonau in sie verliebt. Ungewöhnlich ist, dass der Patriziersohn seine große Liebe 1504 auch tatsächlich heiratet – gegen den erklärten Willen seines Vaters Gerold Meyer von Knonau. Dieser enterbt den Sohn, der seinen Lebensunterhalt nun als Söldner im Militärdienst verdienen muss. »Aber die Reinhartin hatte ihren Ehegemahl, und er sie, innig lieb«, heißt es in der Familienchronik. Ihren Sohn nennen Anna und Hans von Knonau dennoch nach dem Großvater, Gerold, und der Kleine erweicht schließlich das Herz seines Großvaters. Doch Hans stirbt 1517 – der frühe Tod ihres Mannes trifft

Anna schmerzhaft. Sie lebt nun mit ihren drei Kindern als Witwe in der Nähe des Großmünsters.

Ab 1519 geben ihr die Predigten des neuen Leutpriesters Ulrich (*Huldrych* oder auch *Huldreich*) Zwingli neue Zuversicht. Dem Geistlichen fällt nicht allein die schöne Frau auf, deren Geschichte stadtbekannt ist, sondern auch der Sohn Gerold, den er selbst unterrichtet. Anna und Huldrych Zwingli schließen 1522 eine »geheime Ehe«. Zwingli will sich erst vom Zölibat befreien lassen. Überhaupt befürchtet das Paar Vorurteile. Der arme Leutpriester habe sich eine reiche Frau genommen, wird später getuschelt. Dass sie, als verwitwete

Zwingli und Luther diskutieren über das Abendmahl. Relief an der Zwinglitür des Großmünsters in Zürich. Von links: Melanchton, Luther, Philipp von Hessen, Zwingli, Oekolampad

Anna Zwingli

und nunmehr adelige Frau die gesellschaftliche Ächtung auf sich nimmt, um letztlich ihrer Liebe zu folgen, ist zumindest außergewöhnlich in der damaligen Zeit.

Offiziell kann Anna den Mann an ihrer Seite erst am 2. April 1524 heiraten, zu ihm ziehen darf sie erst am 26. Juli desselben Jahres. Eine Zumutung, schließlich ist sie hochschwanger. Insgesamt bekommt sie noch vier Kinder, von denen drei überleben. Anna Zwingli tauscht ihre seidenen Kleider gegen eine einfache Tracht, führt den Pfarrhaushalt und zeigt damit, wie eine Priesterehe funktionieren kann.

1531 kommt es zum bewaffneten Glaubenskampf vor den Toren Zürichs. In der Schlacht bei Kappel verliert Anna auf einen Schlag ihren Mann, ihren ältesten Sohn Gerold, ihren Bruder und ihren Schwiegersohn. »Ihr habt alles Leid auf einmal empfunden«, schreibt ihr der Straßburger Reformator Wolfgang Capito. Die Angriffe, denen ihr Mann auch posthum ausgesetzt ist, müssen sie geschmerzt haben. Für ihre Kinder ist Anna Zwingli ein Vorbild. Ihre Tochter Regula wird ebenfalls Pfarrersfrau in Zürich. Anna Zwingli, die zweimal aus Liebe heiratet und zweimal den geliebten Mann verliert, stirbt im Dezember 1538.

Theologin der französischsprachigen Reformation:
Marie Dentière
(1490/95 – 1561)

»Haben wir zwei Evangelien, eins für die Männer und ein anderes für die Frauen?«

Das fragt die ehemalige Nonne Marie Dentière, die in Genf mit theologischen Streitschriften an die Öffentlichkeit tritt und sich für eine aktive Rolle der Frauen in der Kirche positioniert.

Als Priorin des Klosters Saint-Nicolas-des-Prés in Tournai in Belgien lernt die adlige Marie Dentière die Schriften Luthers kennen. 1524 flieht sie nach Straßburg und heiratet 1528 den Priester Simon Robert. Nach dessen Tod 1533 heiratet die Mutter zweier Kinder Antoine Froment, einen der Hauptakteure der Genfer Reformation. Beide arbeiten eng mit dem Reformator Guillaume Farel zusammen. Mit anderen Reformatoren wie Wolfgang Capito, Martin Bucer, Pierre Viret und Johannes Calvin steht Marie in engem Kontakt. Sie mischt sich als Frau aktiv in den Reformationsprozess ein, predigt gegen den Zölibat, ermutigt Nonnen zur Ehe. 1534 erscheint anonym eine ihr zugeschriebene Schrift über den Verlauf der Reformation in Genf. 1539 veröffentlicht Marie, unterstützt von ihrem Mann, eine dreiteilige Streitschrift in Form eines Briefes an Margarethe von Navarra. Die Schwester des französischen Königs ist Patin von Maries Tochter. Hier verteidigt Marie Dentière Calvin und stellt erstaunlich moderne und weitreichende Forderungen zur Verbesserung der Stellung der Frau.

Das biblische Lehrverbot für Frauen unterläuft sie in ihrem Traktat, »weil das, was Gott euch gegeben hat, und was er uns Frauen offenbart hat, wir ebenso wenig wie die Männer verbergen und in der Erde begraben dürfen«. Auch Marie Dentière stellt sich in eine Reihe mit Frauengestalten der Bibel, die mutig ihrem Auftrag nachkommen, vor aller Welt das Wort zu verkünden: »Ich frage, ist Jesus nicht genauso für die armen Unwissenden und Einfältigen wie für die Herren gestorben?« Für ihre Worte geht Marie Dentière in Genf ins Gefängnis und erhält Schreibverbot. 1540 folgt sie ihrem Mann als Pfarrfrau nach Massongy, wo sie eine Art Bildungspensionat für Mädchen eröffnet. 1546 kritisiert sie Calvin öffentlich und wirft ihm Tyrannei vor. 1561 stirbt die mutige Streiterin für eine aktive Rolle der Frau in der Kirche.

Marie Dentière

Der erste Name einer Frau am

Reformationsdenkmal in Genf

Gelehrte und Dichterin:
Olympia Fulvia Morata, verheiratete Grundler

(1526 – 1555)

»Ich zwar, Frau von Geburt, verließ doch die Werke der Frauen:
Körbe und Spulen mit Garn,
Fäden zum Zettel gespannt.
Mir schenken Freude die
blühenden Auen der Musen,
die Chöre auf dem hohen Parnaß,
der sich zweifach erhebt.
Andere Frauen mögen an anderen Dingen sich freuen.
Dies allein bringt mir Ruhm, dies allein ist mein Glück.«

Olympia Fulvia Morata ist erst 14 Jahre alt, als sie diese Zeilen schreibt. Am 2. Februar 1526 in Ferrara geboren, wird die hochbegabte Tochter des humanistischen Gelehrten Peregrinus Fulvius Moratus und von Lucrezia Gozi 1539/40 am Hof der Herzogsfamilie d'Este Studiengefährtin von deren Tochter Anna. Olympia schreibt Gedichte auf Griechisch und Latein, hält Vorlesungen über Cicero und interpretiert Homer und andere antike Autoren.

Sie kommt in Kontakt mit reformatorischen Ideen, für die auch die Herzogin Renata von Ferrara (auch Renée de France) Sympathien hegt. Aufgrund von Intrigen muss Olympia nach 1548 den Hof verlassen. Sie bezeichnet dies später als wichtigen Wendepunkt in ihrem Leben, der sie ernsthafter gemacht habe. Sie beginnt geistliche Gedichte zu schreiben, unterrichtet ihre Geschwister und heiratet 1549 den deutschen Arzt Andreas Grundler. In ihm findet sie einen Mann, der sie unterstützt und wertschätzt. Er vertont und veröffentlicht ihre Psalmdichtungen. »Er hat mich so lieb, dass nichts darüber gehen kann«, schreibt sie.

1550 flieht das junge Paar mit Emilio, dem achtjährigen Bruder Olympias, nach Deutschland. Olympia lässt ihre vom Vater geerbte Bibliothek über die Alpen schaffen. Im protestantischen Schweinfurt finden sie eine neue Heimat. Olympia unterrichtet und schreibt, Andreas arbeitet als Arzt. Schnell haben sie Zugang zu reformierten Kreisen, ihr Haus wird zum Treffpunkt. Olympia setzt sich für Italienischübersetzungen der Schriften Luthers ein und interveniert bei ihrer ehemaligen Studienfreundin Anna, mittlerweile französische Herzogin, sich für die verfolgten Glaubensgenossen in ihrem Land einzusetzen: »Wenn Ihr schweigt, seid Ihr an ihrem Tod mit verantwortlich.«

1554 wird Schweinfurt im Zweiten Markgrafenkrieg von Albrecht II. Alcibiades von Brandenburg-Kulmbach belagert und zerstört. Olympia, Andreas und Emilio können nur das nackte Leben retten – und das knapp: »Unterwegs wurden uns die Kleider genommen. Mir blieb nichts als mein Unterkleid. Ich musste barfuß über die Steine laufen. Den ersten Tag zehn Meilen. Dann habe ich mir gesagt: Ich kann nicht mehr. Ich lege mich jetzt hier hin und sterbe. Dann sagte ich: Herr, wenn es dein Wille ist, dass ich lebe, gib mich in die Obhut deiner Engel, dass sie mich auf ihren Flügeln empor heben. Ich kann einfach nicht mehr.«

Unter Lebensgefahr und schwer krank kämpfen sie sich über Hammelsburg bis nach Gemünden (Lohr) durch und werden schließlich vom Grafenpaar Georg II. von Erbach und seiner Frau Elisabeth in deren Schloss Fürstenau im Odenwald aufgenommen. Von dort aus erhalten Olympia und Andreas Grundler beide einen Ruf an die Universität Heidelberg – »er, um sich der Medizin zu widmen, sie, damit sie den Umgang mit griechischen Texten lehre«. So vermerkt es der zeitgenössische kurfürstliche Sekretär Hubert Thomas Leodius. In der Forschung wird der Hinweis auf einen möglichen Lehrstuhl, zumindest aber auf einen Lehrauftrag für eine Frau lange nicht ernst genommen und bis heute in Zweifel gezogen.

Fakt ist, dass Olympia den Strapazen eines weiteren Neuanfangs nicht mehr gewachsen ist. Ihrem Mentor und Freund Celio Secondo Curione berichtet sie von ihrer Krankheit und schickt ihm ihre Gedichte. Nachdem die Originale bei der Belagerung Schweinfurts mit der gesamten Bibliothek in Flammen aufgegangen sind, hat Olympia sie aus dem Gedächtnis noch einmal aufgeschrieben. Der väterliche Freund sorgt dafür, dass diese posthum gedruckt werden. Olympia Fulvia Morata ist die einzige Frau, deren Schriften

Denkmal für Olympia Fulvia Morata in Schweinfurt

wenig später von der Inquisition auf den Index gesetzt werden.

Sie stirbt am 26. Oktober 1555, vermutlich an Tuberkulose. Ihr Mann dokumentiert die letzten Stunden seiner geliebten Frau in einem bewegenden Brief: »Ich sah noch im Schlafe einen Ort, der von schönsten klaren Licht erfüllt war«, habe sie gesagt, und: »Ich bin glücklich, ganz glücklich.« Andreas und der Bruder Emilio überleben Olympia nur wenige Wochen. Sie sterben an der Pest. Celio Secondo Curione tröstet Olympia Fulvia Moratas Mutter: »Deine Tochter lebt noch in dieser Welt in dem Gedächtnis aller hervorragenden Geister«.

Die »Bischöfin« von Köln:
Agnes von Mansfeld, verheiratete Erbtruchsessin von Waldburg
(1551 – 1615/37)

»Dieweil sonderlich des Truchsess Hausfrau Agnes von Mansfeld, die gar keine Bilder oder Altäre hat leiden mögen, ankam, [waren] Bürgermeister und Rat besorgt, man würde auch in der Kirche zu Werll mit Zerschlagung und Zerstörung der Bilder und Altäre haushalten.«

So wird aus katholischer Sicht die Teilnahme von Agnes von Mansfeld an der Demontage von Kirchengut im Rahmen des Truchsessischen Krieges beschrieben. Aber wie war es wirklich? Agnes von Mansfeld ist das sechste Kind einer verarmten protestantischen Adelsfamilie aus dem Mansfelder Land. Mit 27 Jahren tritt sie in das weltliche Damenstift Gerresheim bei Düsseldorf ein. Über Schwester und Schwager lernt »die schöne Gräfin« 1579 den 30-jährigen Kölner Erzbischof kennen, Gebhard Truchsess von Waldburg. Der ambitionierte und der Welt zugewandte Mann aus schwäbischem Adel ist erst seit zwei Jahren im Amt. Viel ist spekuliert worden über die erste Begegnung. Verbrieft ist, dass Agnes ab dem 16. Dezember 1579 bei Gebhard im bischöflichen Schloss und in der Residenz Kaiserswerth übernachtet. Später stellt Gebhard ihr und der Familie ihrer Schwester einen Wohnsitz am Rhein zur Verfügung. Es ist eine unmögliche Liebe, aus Sicht der Katholiken wie der Protestanten – und ein Politikum. Als Agnes und ihr Liebhaber – auch auf Druck von Agnes' Familie – sich endlich entschließen zu heiraten, treten sie damit die Flucht nach vorn an. Zwar ist der Erzbischof bereit, Amt und Würden für seine schöne Geliebte aufzugeben. Doch im protestantischen Umfeld fürchtet man, sein Rücktritt könnte die Gegenreformation stärken. Bleibt er im Amt, erhoffen sich seine protestantischen Ratgeber die Reformation Kurkölns und damit letztlich die entscheidende Stimme im Rat bei der Wahl von König und Kaiser. Gebhard hält am Anspruch auf die Kurfürstenwürde fest. 1582 erklärt er Religionsfreiheit in der Rheinmetropole und konvertiert. Am 2. Februar 1583 heiraten Agnes und Gebhard, Agnes wird Kurfürstin und »Bischöfin« von Köln. Eine Kampfansage an Papst und Kirche. Prompt wird Gebhard als Erzbischof abgesetzt und exkommuniziert. Dennoch ist er nicht zum Rücktritt bereit.

Die folgende Auseinandersetzung um das Kurfürstentum Köln, der Truchsessische oder Kölner Krieg, gilt als Vorbote des Dreißigjährigen Krieges. In den schweren, bis 1588 dauernden Kampfhandlungen kommen tausende um, Städte werden zerstört. Da sich keiner der mächtigen protestantischen Fürsten im Reich eindeutig für sie positioniert, bleibt Agnes und Gebhard letztlich nur das Exil bei Wilhelm von Oranien im niederländischen Delft. In vielen Briefen und persönlichen Vorsprachen bittet Agnes, die lange Zeit noch an eine Rückkehr nach Köln glaubt, um Unterstützung – angeblich sogar bei Königin Elisabeth I. von England.

Nach dem Sieg der katholischen Seite flieht Anna 1589 mit ihrem Mann nach Straßburg, wo er noch Ansprüche auf ein Amt als Domdechant hat. Von seiner streng katholischen Familie werden sie nicht unterstützt. Dennoch ist es Agnes, die 1593 die Sterbebegleitung bei Gebhards älterem Bruder Karl übernimmt. Ihr Bericht ist bewegend. Zum Schluss lässt der Sterbende Agnes als Beistand holen, nicht den eigenen Bruder: »Da haben der Doktor und ich lange vor dem Bett gesessen. Weil er eingeschlafen war, wollte ich aus

*Agnes von Mansfeld
(Gemälde, um 1570)*

der Kammer gehen. Da hat er gerufen und gefragt, ob ich ihn verlassen wolle. Da habe ich geantwortet, dass ich ihn ruhen lassen wollte und ihn nicht verlassen werde, so lange ich Atem in meinem Leibe habe.«

Agnes und Gebhard verleben noch einige friedliche Jahre in Straßburg. Sie haben sich ihre Liebe bewahren können, aber ihr Kinderwunsch bleibt unerfüllt. Als Gebhard Ende Mai 1601 stirbt, ist Anna bewegt von der großen Anteilnahme der Straßburger. Dennoch verlässt sie die Stadt, kehrt über Metz in die Pfalz zu ihrer Ursprungsfamilie zurück. Ihr genaues Todesdatum ist unsicher: 1615 oder 1637. Das hart umkämpfte Rheinland ist schlussendlich katholisch geblieben, die Glaubensauseinandersetzungen haben sich verschärft. Trotzdem hat die Liebes- und Lebensgeschichte der schönen Kurfürstin und »Bischöfin« Reformationsgeschichte geschrieben – nicht nur, weil ein katholischer Erzbischof ihretwegen zum evangelischen Glauben konvertierte. Agnes ist auch ein Beispiel für persönlichen Mut und für den Glauben an den Wandel durch Liebe – und damit für all die unerschrockenen evangelischen Pfarrfrauen, ohne die die Reformation nicht denkbar gewesen wäre.

Umschlag u. S. 43: Katharina von Bora (Gemälde, Lucas Cranach d. Ä., 1526) | S. 2: Fenster im Straßburger Münster (Foto: katatonia/Fotolia.com) | S. 13: Nonnen im Pariser Hospital Hôtel-Dieu, Miniatur des 15. Jh. (Morphat/Fotolia.com) | S. 23: Jan Hus als Prediger (rekonstr. Wandmalerei in der Betlehem-Kapelle, Prag; Foto: Wolfgang Sauber/wikimedia commons) | S. 32/33: Ruine des Klosters Nimbschen (Foto: Regina Röhner) | S. 37: Gebetbuch der Markgräfin von Brandenburg (Codex Durlach 2, Bl. 11v, 1520) | S. 55: Kirchenlied von Elisabeth Cruciger (Erfurter Enchiridion, 1524) | S. 63: Elisabeth von Dänemark (Gemälde, Heinrich Bollandt, um 1620) | S. 69: Elisabeth von Braunschweig (Holzschnitt, Mündener Kirchenordnung, 1542) | S. 77: Titelblatt einer der acht Flugschriften Argulas (1523; Quelle: Joachim Schäfer, Ökumenisches Heiligenlexikon) | S. 87: Katharina Zell (Wandmalerei, Reformationsgarten in Wittenberg; Quelle: Joachim Schäfer, Ökumenisches Heiligenlexikon) | S. 91: Kanzel des Münsters in Straßburg (Foto: Joachim Schäfer, Ökumenisches Heiligenlexikon) | S. 99: Relief an der Zwinglitür, Großmünster in Zürich (Toksave/wikimedia commons) | S. 106/107: Reformationsdenkmal in Genf (MHM55/wikimedia commons) | S. 115: Denkmal für Olympia Fulvia Morata, Schweinfurt (Dr. Volkmar Rudolf/Tilman2007/wikimedia commons) | S. 123: Agnes von Mansfeld (Gemälde, um 1570)

Aus dem lieferbaren Mini-Angebot
(Auswahl)

Literarisches

Das kleine Bach-Büchlein (auch engl.)
Die Geheimnisse der Familie Bach
Wilhelm Busch • Die Minibibliothek (Bibliografie)
Erzgebirgisches Weihnachtsbüchlein
Fange jetzt zu leben an • Faust-Zitate
Frauen (Hochhuth & Degas) • Frauen der Reformation • Frauen & Männer
Frauen-Weisheit • Paul Gerhardt
Goethe-Zitate • Große Sachsen
Gute-Laune-Büchlein • Heldenjungfrauen
Ich hab dich so lieb • Kinder sind die besten Philosophen • Liebe Mama ... • Liebe Oma ...
Lieber Opa ... • Lieber Papa ... • Martin Luther
Märchenkönig Ludwig II. (auch engl.)
Karl May • Mein Leipzig. Geliebtes Weltdorf
Wolfgang A. Mozart • Musenkuss – Richard Wagner • Nietzsche-Zitate
Nur mit dem Herzen... (Saint Exupéry)
Philosophinnen-Sprüche • Sandmännchen
Schiller-Zitate • Clara & Robert Schumann
Shakespeare für Verliebte • Theodor Storm
Thomaner-Büchlein • Weisheiten aus dem Fernen Osten • Weisheiten der Welt
Wunderkinder • Heinrich Zille

Natur & Genießen

Aloe Vera • Amaranth & andere Vitalkörner
Bauernweisheiten durchs Jahr
Hildegard von Bingen • Kleines Buch vom
Mohn • Muslimische Feste und Gerichte
Mythos Ginkgo (auch engl.) • Neues Katzenbüchlein • Salz. Das Gewürz des Lebens
Schwarzbier. Rezepte & mehr

Stadt & Land

Auf der Saale-Unstrut-Weinstraße
Auf der Sächsischen Weinstraße
Berlin für die Westentasche (auch engl.)
Das Böhmische Dorf in Berlin • Burgen und
Schlösser im Erzgebirge • Chemnitz für die
Westentasche • Dresden für die
Westentasche • Erfurt für die Westentasche
Görlitz für die Westentasche • Halle für die
Westentasche • Herrnhut • Im Spreewald
unterwegs • Leipzig • Lutherstadt
Wittenberg • Magdeburg für die
Westentasche • Naumburg
Potsdam für die Westentasche
Schwerin für die Westentasche
Weimar für die Westentasche

BuchVerlag für die Frau
Gerichtsweg 28 · 04103 Leipzig
www.buchverlag-fuer-die-frau.de